~~Liberté~~
~~Égalité~~
~~Fraternité~~

vs

Esclavagisme
Inégalité
Egoïsme

Édition : BoD – Books on Demand, 12/14 rond-point des Champs-Élysées, 75008 Paris

Impression : BoD – Books on Demand, Norderstedt, Allemagne

ISBN : 9782322249046

Dépôt légal : Avril 2021

Avant toute chose, si vous considérez que ce livre est juste bon à servir pour les toilettes, ne vous gênez pas, je n'irai pas crier au blasphème, car après tout, cela n'est que du papier et de l'encre qui ne représentent que le point de vue d'un citoyen.

Un point de vue amer ou désappointé sur ces « élites » qui ne voient que leurs intérêts et ne suivent que leurs instincts en nous abandonnant sans scrupules, et en étant persuadées d'avoir les bonnes solutions. En gardant à l'esprit que malheureusement elles n'agissent que comme des êtres humains.

Voilà donc quelques thèmes qui leur sont si chers, avec les solutions d'un citoyen forcément bien loin des leurs et des bien-pensants qui les accompagnent.

Table des matières

Chômage 8

Patronat 9

Politique 10

Religion 11

35 heures 12

Travail... 13

L'Europe ou plutôt la C.E.E.. 14

Écologie... 16

Impôts et répartition.. 18

Femme 19

Violence 20

Les quatre trous financiers sans fond 22

La retraite... 25

50 % 27

Crise pandémique 29

Pour résumer 31

Conclusion... 35

Quelques sentences nulles, mais bon… 36

Mes références 37

L'auteur.. 40

Conseils de lecture :

Partant du principe où mes écrits sont orientés vers les défauts du genre humain, j'invite le lecteur à faire preuve de réflexion. Et pour ceux qui penseraient que je fais partie des extrêmes, sachez que vous aurez besoin de relire cet essai une fois, voir plusieurs, pour vous rendre compte que ce n'est pas le cas.

Conceptualisé[1] à la fin du XIXe siècle pour référencer les sans-emplois, le principe du chômage – ou plutôt sa définition – est accepté maintenant dans tous les pays, riches ou pauvres, libéraux ou non. Et quelles que soient les mesures, rien n'y fait. Évidemment, il y a ceux qui rejettent notre société et ceux qui se contentent des aides pour survivre, mais ils ne sont qu'une minorité dans cette masse de chômeurs, alors que faire ?

La solution la plus radicale et efficace est la gestion des naissances sur le long terme. Actuellement, un enfant qui naît est un chômeur à très fort potentiel, surtout dans les familles à bas revenus : il faut donc inciter les parents à faire moins d'enfants en jouant sur l'éducation et les aides.

Mais après tout, le chômage tel qu'on le définit ne serait-il pas plutôt un prisme déformant des problèmes de notre société ?

Car normalement, on devrait pouvoir s'épanouir dans notre travail, et il faut bien reconnaître que notre monde taylorisé à outrance et dans lequel l'argent a plus de valeur que la vie n'aide en rien à motiver les gens à travailler. Et ce d'autant plus que nous, le peuple, sommes dénigrés par nos élites, qui nous considèrent comme de la viande dépourvue de tout esprit et de capacité de réflexion.

---

[1] Voir « Mes références ».

Ces très grands directeurs, qui se prennent pour le nombril du monde et pourvus d'un ego démesuré, car enfermé dans leurs certitudes, devraient se rendre compte qu'ils sont aussi inutiles que la plèbe qui est sous leur contrôle.

Par conséquent, leur attribuer un salaire minimum, sans prime ni autres dérivés exorbitants, serait le bienvenu et profiterait à tout le monde. D'autant que cela les amènerait peut-être, sans aucune certitude, à être un peu plus réfléchis et à ne pas voir l'argent, et surtout le pouvoir, comme les seuls et uniques moteurs pour avancer.

Pour le dire plus simplement, à la sortie de la guerre de 1939-1945, les principaux responsables de ce massacre ont été jugés et punis ; mais si on regarde les responsables du crash de 2008, combien de ces patrons ont été jugé ? Aucun, car ils se sont protégés entre eux et l'ont été également par les politiques.

60 % de notre salaire part en « fumée », ou plutôt dans les caisses de l'État (voire plus avec le prélèvement direct de l'impôt ; si vous avez un doute, faites le calcul avec votre feuille de salaire, sans oublier la part que paie l'entreprise pour vous). Heureusement qu'une partie de ces prélèvements est prise en charge par les entreprises pour les salariés, sinon la situation serait socialement exécrable.

Dire que tout cet argent engraisse ces gens qui font plus preuve d'incompétence et de couardise que n'importe qui, est juste exagéré, car le citoyen cotise bien pour la retraite, la santé, l'éducation, la justice, l'armée …

Mais ces « hommes de pouvoir » sont tellement « vendus » aux patrons, et mentent tellement à la plèbe que nous sommes que nous avons perdu toutes nos illusions et nos rêves.

Ils ont oublié qu'ils se doivent de servir la nation, l'Europe, et – pour ceux qui arrivent à avoir une vision à plus long terme (même si l'être humain ne peut pas voir plus loin que ce que la physiologie de son corps lui permet) – l'espèce humaine.

Cela fait plus d'un siècle que le chômage est mesuré et qu'il monte, et ils ne font rien… que notre éducation part à vau-l'eau et ils ne font rien… que notre santé coûte un bras et ils ne font rien… hormis augmenter les taxes et dilapider notre argent pour faire n'importe quoi à première vue, car ils sont tellement peu pédagogues et imbus d'eux-mêmes que chaque décision relance le chaos et l'incompréhension des gens.

Ils ont pourtant cette responsabilité de nous tirer vers le haut …

Religion

On a tous besoin de croire en quelque chose mais cela n'est en soi pas une vérité, juste un moyen de supporter l'insupportable en attendant la fin de notre vie, et de croire que l'on est utile.

Après tout, une croyance, c'est quoi ? Une information donnée par un tiers en qui on a confiance et dont on n'ira pas vérifier la véracité (et ceci est valable aussi bien pour le religieux que pour la vie quotidienne).

Mais quoi de pire que de croire sans aucun esprit critique ? Cela est le plus sûr moyen d'être asservi par des pseudo-dirigeants « spirituels » haineux, qui ne veulent que le pouvoir d'asservir et rien d'autre.

Toutes les religions sont malsaines quand elles sont appliquées collectivement, et surtout quand leur leader est un « fou ».

Après tout, Dieu n'est jamais que le père Noël des adultes. Le problème, c'est que personne n'est là pour nous taper sur l'épaule et nous dire que ce n'est qu'une croyance.

C'est pour cela que la théocratie ne doit jamais devenir un moyen de gouverner, car suivant l'individu qui servira de leader, cela pourrait finir en guerres saintes ou autres, et nous avons de nombreux exemples historiques qui l'attestent.

---

35 heures

Voici une idée en or qui a été transformée en un énorme étron, grâce au précieux concours de nos politiques et de nos patrons.

Normalement, les 35 heures auraient dû permettre de créer bien plus d'emplois que ce qui a été fait, mais non… Aucune aide pour les PME / PMI / TPE / TPI.

Au lieu d'alléger les charges pour chaque embauche au sein de petites structures, c'est le contraire qui a été fait… Enfin, rien n'a été fait. Les charges sont toujours aussi lourdes et ne donnent pas plus envie de recruter.

Peut-être que si l'on passe aux 32 heures, on aura une démarche plus logique pour embaucher… et surtout si on applique réellement ce temps de travail, parce que quoi qu'en disent les politiques, on est bien au-delà des 35 heures par semaine – aussi bien dans les activités du tertiaire que dans les petites structures.

C'est une honte que nos hommes politiques pensent de cette façon…

Normalement, on devrait pouvoir s'épanouir et se sentir utile, mais grâce à nos PDG et à leurs cohortes de petits collaborateurs (amusant que ce mot puisse servir dans ce contexte), à la Bourse et à l'aide des politiques, on se sent comme de pauvres « merdes », même si on n'a pas le courage de se l'avouer.

« Heureusement », les robots arrivent et vont pouvoir tailler dans la viande pour nous remplacer ; ils sont infatigables, sans préjugés, rapides, dociles… et surtout ne réclament pas de salaire : c'est le patronat qui va être content. Enfin, au début… parce que ce ne sont pas les robots qui vont leur faire gagner de l'argent à long terme, sauf s'ils cherchent autre chose, comme exclure les gueux de la société… Et inutile de croire à ce discours qui dit que cela va libérer les ressources humaines pour faire des travaux plus intéressants : ce n'est pas du tout le but.

Et forcément, comme nos braves hommes politiques ont toujours un métro de retard, ils vont bien nous inventer une taxe du pauvre pour finir de nous enfoncer, comme ils savent si bien le faire.

Patriotisme, nationalisme, Brexit, etc. Tout ça pour sortir de l'Europe et reprendre ses frontières. Mais si on y regarde bien, cela fait 75 ans qu'il n'y a pas eu de guerre pour les pays qui font partie de l'Europe.

Et voilà que l'on veut sortir de cette Europe, alors qu'avant cette époque de paix, on était toujours en guerre avec un voisin anglais, allemand, espagnol, italien, polonais, norvégien... Bref, il y a toujours eu une guerre en cours pour un oui ou un non, et cela depuis des millénaires.

On a commencé avec des tribus – les premières traces de conflit dateraient de 100 000 ans[2] (mais soyons honnêtes, le *Sapiens* a 300 000 ans d'âge, donc cela est forcément plus vieux) – se battant les unes contre les autres, puis des régions, ensuite des proto-États, des pays ... et peut-être dans un futur proche des continents.

C'est à croire que l'être humain ne peut pas s'empêcher de se « foutre sur la gueule » ; c'est génétique ce comportement, mais au lieu de céder à la première tentation de « détruire » il faut utiliser cette violence pour construire

C'est une vérité, l'Europe est loin d'être parfaite. On peut même dire que pour l'instant, c'est comme les 35 heures : un gros étron où seul l'argent et les lobbys comptent.

Mais au lieu de baisser les bras et de dire « c'était mieux avant », il faut se battre contre ça, aller de l'avant et faire cheminer cette idée de « paix » collective ou de vivre ensemble, lutter contre ces hommes et femmes issus de la politique et du monde des affaires qui ne recherchent que le plaisir du pouvoir et de l'argent en

---

[2] Voir « Mes Références ».

semant la zizanie, en oubliant que le peuple est le premier concerné par cela.

Ne perdons pas de vue que quand on sera plusieurs dizaines de milliards sur cette planète (car on ne sait absolument pas, malgré les recherches, ce que la Terre peut supporter en terme humain), il n'y aura plus de frontières comme on les connaît actuellement. Il est donc urgent que nos hommes et femmes politiques élargissent leurs horizons.

Comme j'ai été expéditif dans la version précédente, je vais essayer d'expliquer ce que je considère comme une immense « *fake news* » au sujet de l'écologie et surtout du climat.

En 2002 notre président Jacques Chirac disait que la maison brûlait…

Et que peut-on constater depuis ? Rien ! Rien n'a changé et le résultat est que les glaces fondent de plus en plus vite, les changements météorologiques sont de plus en plus fréquents et de plus en plus violents.

Alors où peut bien être la « *fake news* » ? Pour moi, elle est vendue par la société tout entière, que ce soit les scientifiques ou notre système d'information. Ils disent que si nous agissons maintenant, alors le pire pourra être évité.

Sincèrement, croyez-vous que nous, citoyens de base, ayons envie de changer une chose que l'on ne peut ni toucher, ni percevoir ? Et il y a bien pire : croyez-vous que les présidents et les représentants des pays autoritaires (c'est-à-dire la crème de la crème de l'élite) que sont les États-Unis, la Chine, la Russie, l'Inde et la C.E.E – en bref, les plus gros pollueurs de la planète – ont envie de se mettre autour d'une table et de changer quelque chose ?

Bref, non seulement la maison brûle et continue de brûler, mais il est désormais vraiment trop tard pour faire marche arrière. Il va falloir s'adapter avant que l'on prenne conscience de l'enfer que l'on est en train de créer pour nos petits-petits-enfants qui vont en souffrir et en mourir, tout ça à cause de notre arrogance, notre égoïsme et stupidité.

J'oubliais aussi de préciser un petit plus très évident (enfin, j'espère) : c'est que toute activité humaine est polluante – de la flatulence au simple fait d'utiliser un smartphone. La seule différence est la capacité de traitement de l'environnement à absorber la charge pour le recyclage. Cela va vite pour un gaz (quelques heures sûrement), en revanche cela se mesure en millénaire pour la barre d'uranium qui est utilisée pour alimenter notre smartphone, sans parler de la dégradation environnementale. Même chose pour toutes les activités industrielles, agricoles… loisirs inclus, bien entendu.

Et quand je vois que certaines élites et de simples citoyens partent en guerre contre tout cela, cela me fait un peu peur, car j'ai l'étrange impression que cela se fait en dépit du bon sens.

Car qu'on le veuille ou non, l'extension de l'espèce humaine se fera forcément aux détriments des autres espèces, qu'elles soient animales ou végétales et aussi des ressources. Donc autant le faire avec intelligence et non comme des parias pour assurer l'avenir de l'espèce humaine et de la planète.

Si l'idée de base est bonne, la mise en application est, comme le reste, une catastrophe qui dure depuis des décennies.

Pour bien faire, il faudrait tout raser, aides et impôts, et recréer un impôt juste et collectif, tout le monde se devant de participer à hauteur de ses moyens, pour faciliter la compréhension. Car de suite, l'impression que l'on a c'est que seuls les classes moyennes sont saignées, alors que la majorité – voire la totalité – des grands groupes font de l'optimisation fiscale et **échappent ainsi à leur devoir moral** de participer à la société publique.

De même pour la répartition : en lieu et place des actuels services publics/sociaux dissociés qui coûtent cher aux contribuables en éparpillant les aides, mieux vaudrait opter pour un organisme unique dispensant une seule aide de type « revenu universel », dispositif qui reviendrait en définitive moins cher. Ce qui permettrait de libérer tout ces agents du service public pour les réaffecter sur d'autres postes en souffrances.

Femme

N'appartenant pas à la gent féminine, je dirais juste aux femmes que malheureusement, quelles que soient les victoires que vous avez remportées, soyez sûres qu'elles ne seront jamais définitives. Elles seront toujours remises en cause par d'autres groupes souhaitant vous voir disparaître, qu'ils soient religieux, politiques ou autres.

Il suffit de regarder ce droit à l'avortement, remis sans cesse en question, bafoué et non respecté, pour constater que le respect de l'autre est loin d'être acquis et qu'une fois de plus nos hommes/femmes politiques n'ont qu'un très faible respect de vous.

Voilà une petite partie sur les déclinaisons consistant à définir un meurtre sur une personne voire un groupe de personnes : démocide, filicide, fratricide, féminicide, fœticide, gendarmicide, génocide, homicide, infanticide, judéocide, matricide, néonaticide, patricide, parricide, politicide, populicide, régicide, sororicide, suicide, tyrannicide, uxoricide... Et il existe de nombreuses autres déclinaisons qui ne sont pas officielles.

Quant à la signification, je vous laisse chercher les définitions de chaque terme. Si je me permets d'écrire cela, c'est que la violence est partout et prégnante à tous les niveaux de notre société et vouloir régler un problème spécifique (je pense entre autres aux féminicides) ne fera rien. Le seul résultat sera que l'on déportera la haine de l'autre et cette violence sur un autre champ de notre conscience, probablement que les bien-pensants seront contents de leur travail mais cela ne réglera rien au final. Ce sera comme un pansement sur une jambe de bois.

Il est clair qu'il ne faut pas baisser les bras, car un climat violent est malsain pour toute la société et impacte les conditions de vie des gens. Mais il ne faut pas se tromper, punir, réprimander, emprisonner à tout va comme le souhaitent certaines personnes... Cela ne fera que masquer le problème. Il faut vraiment attaquer le « mal » à sa racine, c'est-à-dire dès la petite enfance, car c'est bien là que tout se joue. Si l'éducation est malsaine, alors les enfants la reproduiront. De même, si l'école ne retrouve pas ses garde-fous (ici je pense aux professeurs qui subissent la pression des enfants et parents alors que cela ne devrait pas être le cas), les choses n'avanceront pas.

---

[3] Voir « Mes références ».

Mais pour lutter contre cette violence, il faut que les politiques fassent leur part de travail et donnent les moyens à l'éducation, la justice et la police pour résorber des décennies de laisser-aller.

Ou comment ne pas voir plus loin que son porte-monnaie.

1. L'éducation[4]

À première vue, on pourrait penser que l'éducation est un trou sans fond, car il n'y a aucun retour financier pour les écoles ou autres, mais c'est justement le fondement même de l'éducation. Pouvoir transmettre le savoir à toute personne le souhaitant, et éduquer nos enfants en leur donnant un maximum de chances et d'ouverture d'esprit afin d'avoir une société apaisée, voilà ce que devrait être l'éducation.

Même si on n'y est pas encore, tout devient payant et cher pour pouvoir suivre un cursus universitaire ou autre. Les études supérieures sont réservées *de facto* à l'élite financière qui peut payer, mais qui n'a pas forcément l'intelligence pour apprendre de cet espace qui devrait être ouvert à tout le monde. Cette cherté aide à creuser les inégalités et accentue cette haine de la personne « aisée » ainsi que l'incompréhension de notre environnement.

Cependant, il y a sûrement des moyens de remettre les choses à plat, car si en termes de coût, l'éducation française est vraiment chère, on ne peut pas dire que les résultats attendus soient à la hauteur de ce que l'on pourrait espérer. Il est clair qu'au niveau de la hiérarchie, il y a de lourds changements à faire, pour que celle-ci soit utile aux professeurs et qu'enfin ils puissent exercer ce métier dans de meilleures conditions.

2. La santé

---

[4] Voir « Mes références ».

Je trouve très drôle d'entendre parfois des jeunes dire qu'ils n'ont pas besoin de contribuer à la Sécu car ils ne sont jamais malades. Sauf que pour la majorité des gens, on a besoin de la Sécu plutôt quand on est vieux, et non quand on est jeune.

Bref, la Sécu devrait être unique, sans aucune mutuelle, car tout devrait être pris en charge par un seul organisme.

Cela dit il faudrait faire du tri parmi les médecins, les malades, et n'oublions pas les industries pharmaceutiques qui vendent quand même de la poudre de perlimpinpin à des prix défiant toute concurrence, sans compter tous ces organes « certificateurs » ou autres qui... certifient... enfin, font de l'argent facile sur la maladie des gens[5].

3. La justice

Elle vaut ce qu'elle vaut, après tout, ce n'est que la justice des hommes, mais une chose est sûre : elle n'a pas les moyens de faire son travail.

Sérieusement ! Attendre parfois un an, deux ans, dix ans... pour pouvoir obtenir un verdict ? Il y a clairement un problème, même si le temps de la justice n'est pas le temps des gens.

4. L'armée / la police

Vivons de paix et d'amour... Je crois que tous ceux qui ont essayé ont mal fini. N'en déplaise aux pacifistes ou aux anarchistes, l'ordre doit être assuré. Et le plus drôle dans tout ça sont les gens violents qui haïssent les représentants de l'État et veulent les voir morts...

Sauf que si ces gens venaient à disparaître, il faudrait les remplacer par un quelconque pseudo « nouvel ordre », et sans trop me tromper, je pense que l'on verrait ces haineux prendre leur place sans aucun problème, et en étant encore plus violents qu'eux...

---

[5] Voir « Mes références ».

Voilà pourquoi on ne doit pas penser individuel mais collectif, car c'est vraiment pour l'avenir de l'espèce humaine que ces quatre institutions doivent avoir les moyens d'exercer correctement.

Avant de commencer, je voudrais juste effectuer quelques rappels :

- Dans les années 50, l'espérance de vie était de 61 ans pour les hommes et 66 ans pour les femmes; aujourd'hui, elle est de 79 ans pour les hommes et 85 ans pour les femmes.
- L'espérance de vie en bonne santé de nos jours, en moyenne, est de 62 ans pour les hommes et 64 ans pour les femmes.
- La différence entre les situations sociales les plus aisées et les plus défavorisées avant décès, varie entre 6 ans et 10 ans suivant les critères choisis[6].

Je dirais que tout comme les 35 heures ou bien l'Europe, c'est une excellente idée de remettre à plat tous ces calculs d'apothicaires et toutes ces exceptions, malheureusement, cette idée en or est en train d'être transformée en étron.

C'est une fois de plus une complète incompréhension pour moi quand j'entends dire que les partenaires sociaux et les politiques ont travaillé depuis deux ans en concertation, alors qu'on voit bien qu'il n'y a pas de prise en compte de la pénibilité, rien pour les situations précaires et que cela ressemble à de l'amateurisme dans les propositions...

Finalement, les propositions sont une catastrophe car chaotiques.

Et quand je vois que les soi-disant opposants politiques à cette loi pensent plus à faire du bruit qu'à nous défendre, je me dis que

---

[6] Voir « Mes références ».

finalement, le peuple n'est pour eux qu'une coure devant laquelle ils font leur représentation. Bref : un vrai cirque politique.

Car une fois de plus, ces braves gens se gargarisent d'un travail qu'ils ne font même pas.

Alors que mettre en place un minimum, un maximum et des prélèvements justes en tenant compte de la pénibilité ne devrait finalement pas être une tâche si pénible pour ces gens de pouvoir.

Allez, une petite question pour voir si nous ne sommes pas trop coincés par nos préjugés. C'est vraiment une question bête… Quelle est la répartition des hommes et des femmes à travers le monde ?

Réponse : 50 % de femmes, 50 % d'hommes.

Humm ! perdu… En fait, il existe un pourcentage de gens qui sont physiquement asexués, qui représentent en gros 2 % de la population mondiale, ce qui donne donc grosso modo 49 % de femmes, 49 % d'hommes, et 2 % situés entre l'homme et la femme[7].

Voilà qui montre deux choses (entre autres) :

- La première est que les gens ne cherchent pas à savoir plus que ce qu'ils sont, c'est-à-dire un homme se doit d'être un homme et une femme d'être une femme.

  Et partant de ce principe, que leur corps est la normalité et que ce sont forcément les autres qui sont anormaux.

- La seconde montre à quel point notre société est intolérante, rétive à accepter ce qui est différent, ou qui va à l'encontre du pseudo « bon sens » ou pire, ce qui est soi-disant contre nature, alors que c'est justement la nature qui explore toutes les voies qui lui sont offertes.

Et forcément, nos élites à l'esprit étroit ont une part non négligeable dans cet état de fait…

---

[7] Voir « Mes références ».

Et le pire dans ce pourcentage, c'est que ce n'est que la partie physiologique, car il faut aussi compter la partie psychologique et la partie culturelle.

Bref, nous sommes dans un monde où le mensonge du « bien paraître » en public prime sur tout... et donne raison à la haine de l'autre, le tout encouragé par nos élites car elles n'ont pas le courage de prendre en compte le problème dans son ensemble.

C'est la troisième mise à jour de ce chapitre.

Avant le premier confinement, je trouvais les informations données par les JT tellement anxiogènes et de mauvaise qualité que j'ai décidé de faire des recherches personnelles.

J'ai donc cherché[8] sur le Net tout ce qui portait sur le sujet de la pandémie et la population mondiale, en essayant de trouver les bons sites, ou ceux contenant le moins d'erreurs et accessibles à ma compréhension.

Et je dois reconnaître que je n'ai pas été déçu.

Je pense, entre autres :

- À la grippe de 1918 qui aurait tué, sur une durée d'un an, entre 20 et 100 millions de personnes (cela dépend des sources) pour une population inférieure à 2 milliards d'individus, et dont seulement un tiers aurait été contaminée.
- Ou au sida, qui aurait pour l'instant fait 36 millions de victimes sur plusieurs décennies.

Actuellement on fait face à une pandémie qui a débuté « officiellement » en décembre 2019 – au 01/04/2020, on recensait officiellement 860 181 contaminés et 42 345 décès pour une population d'un peu plus de 7 milliards d'individus.

À ce jour, le 07/10/2021, nous avons « environ » 236 638 946 contaminés pour 13 667 205 décès. Pour la France qui a 116 966 personnes décédées, 98 % ont plus de 50 ans[9]. Il apparaît que cette maladie touche surtout les personnes âgées.

---

[8] Voir « Mes références ».

[9] Voir « Mes références ».

Si on est en pleine crise, c'est que le problème est lié non pas au virus et à sa propagation, mais bien à la non-anticipation des gouvernements (hormis la Corée du Sud et le Japon), en dépit des mises en garde répétées de l'OMS.

En France nous avons vécu trois confinements car la saturation des hôpitaux a obligé le gouvernement à prendre des mesures restrictives pour éviter une explosion sociale. Même si des collapsologues et des survivalistes de tout poil s'en donnent à cœur joie pour raconter tout et surtout n'importe quoi, il faut, il me semble, reconnaître que le gouvernement a fait ce qu'il a pu avec les moyens qu'il avait (même si un peu d'humilité et de contrition auraient été les bienvenues ; je pense entre autres au fait qu'au départ de la crise il n'y avait pas de masques, et les autorités ont préférés dire que le port n'était pas nécessaire au lieu d'assumer le fait que les entrepôts étaient vides.)

De plus, si la crise n'est actuellement pas finie, il faut penser à l'avenir, car si l'on doit faire face à une future pandémie avec un taux de létalité et de propagation important, notre monde humain s'effondrera sans aucun doute, au vu de ce que l'on constate en ce moment.

Pour conclure :

Je finirai par une évidence : l'espèce humaine est complétement intégrée dans cet écosystème qui n'a aucune frontière, et ce serait bien que nos élites (démocratique, totalitaire, religieuse ...) en tiennent compte et qu'elles ne l'oublient pas, car leurs mesquineries territoriales sont vraiment très lourdes à supporter pour la population, même si celle-ci ne s'en rend pas compte.

En espérant aussi que le moteur de la recherche de ce vaccin n'a pas été motivé par les gains potentiels énormes, même si j'ai un furieux doute,[10] car certaines maladies ont bien plus de victimes à leur actif et il n'y a pas de vaccins pour autant.

---

[10] Voir « Mes références ».

Je dirai que les quelques problèmes actuels liés à la pandémie et au climat montrent bien que les frontières érigés par nos dirigeant ne sont là que pour nous brimer. Il est clair que, et le climat, et les pandémies n'accorde aucune importance à ces simulacres de marquages de territoire.

Il serait plus que temps que « vous » très chers « Messieurs » des grandes entreprises internationales, arrêtez de piller les ressources humaines et naturels et que vous acceptiez enfin de payer votre juste part à la société au lieu de faire des montages pour y échapper. Cela ne vous rendra peut-être pas plus appréciés, mais au moins vous ne créerez pas de tensions inutiles dans la société, voire de guerres... Et très chers sieurs du grand patronat, au lieu de vouloir faire travailler les gens jusqu'à point d'âge, posez-vous la question de savoir si, le fait d'exploiter et de considérer les gens comme des moins que rien, est une raison de plus pour les faire souffrir en rajoutant une brimade supplémentaire.

De même, « mes sieurs » les politiques de toutes horizons, au lieu de courir après le pouvoir, commencez par l'exercer de façon juste. Si vous en êtes incapables mettez en place des stages de chômage et de « misère sociale » pour vous, de façon à nous comprendre, car il semblerait que vous soyez fortement déconnectés de la réalité. Instaurez aussi un système pour que l'on puisse noter votre « incompétence ». Enfin, ayez le courage de laisser votre place à la relève, au lieu de rester accrochés à ce pouvoir comme de vieux morpions desséchés aux poils de...

Et nous gens du peuple ou plèbe que nous sommes, si au lieu de toujours pleurer sur notre sort en réclamant plus, plus, plus pour nous, on se prenait sérieusement en mains et que l'on demandait des comptes à nos hommes et femmes politiques, peut-être que ceux-ci finiraient par se sentir responsables et exerceraient leur pouvoir de façon à satisfaire le plus grand nombre, et non à privilégier une petite caste pour s'assurer leurs places et à assouvir leur instinct animal.

En fait, nous les « gueux et gueuses », on a bel et bien un vrai rôle à jouer, comme le montrent avec maladresse les « vrais » gilets jaunes.

Nous, êtres humains, sommes construits globalement de façon à assurer la protection et la survie du groupe, voire de notre entourage le plus proche, et au cours de ces centaines de millénaires (pour rappel l'espèce humaine aurait environ 2,8 millions d'années et le dernier spécimen *Sapiens* a remplacé tous ses aînés), on n'a pas évolué.

Le résultat n'a pas changé : on est toujours un troupeau de bipèdes ne voyant pas plus loin que le bout de ce concept qui prime depuis nos origines. Au lieu de dire : « Mais ce n'est pas possible, on est au XXIe siècle quand même ! », on ferait mieux de dire que nous, *Sapiens*, on n'a pas évolué depuis trois cent mille ans.

On en arrive donc à voir des gens se comporter en sales gamins capricieux, y compris à l'échelle mondiale. Cela se retrouve aussi bien au niveau du sport, des hommes politiques que des classes aisées, alors même que ces gens-là se doivent d'être « exemplaires ».

À titre d'exemple moins drôle et plus saignant, on peut ajouter les responsables autoritaires, style Poutine et autres… les dictateurs comme Bachar el-Assad les régimes totalitaires comme le parti communiste chinois … et les intégristes ou fachos comme Daesh…

et tous les autres, dont la liste est bien trop longue à énumérer, que notre espèce nous offre malheureusement trop régulièrement[11].

Mais voilà, ce genre de mauvaise appréhension de notre façon de vivre ne s'arrête pas là. On la retrouve partout : travail, religion, politique, classes sociales, nourriture... Tous nos rapports sont basés sur le fait que l'autre est forcément incompétent, stupide et que dans le pire des cas, s'il ne correspond pas à nos critères, alors il faut soit le convertir à notre point de vue, soit le détruire.

Cet égoïsme qui n'en finit plus de nous envahir fait se creuser les écarts dans la société. La seule chose qui peut pallier ce problème est l'éducation, mais grâce à nos gens de pouvoirs (politiques et entreprises) qui ont une facilité à se goinfrer de tout à nos dépens, celle-ci devient vraiment médiocre. Tant et si bien qu'à la fin, on aura des moutons de Panurge prêts à écouter n'importe quelle sirène qui passera au moment où ils seront en plein désespoir, ouvrant ainsi toute grande la porte aux extrêmes.

Le comportement des riches et des multinationales ne se ramène qu'à un vulgaire comportement animal, qui consiste à savoir « qui a la plus longue », et leur soi-disant générosité n'est que de la « merde » jetée aux yeux des gens pour les calmer. (Il suffit de voir toutes les sociétés de pétrole, de haute technologie, d'alimentaire, médicales... qui engrangent des milliards sur la « souffrance » des autres, l'exploitation des enfants, des femmes, etc.)

En effet tout ce qu'ils font est calculé pour toujours avoir quelque chose en retour, et surtout en pouvoir et en argent.

Pour eux, c'est la seule chose qui compte, car ils sont imbus d'eux-mêmes et d'un égoïsme sans bornes, tenant à ne se reproduire qu'entre eux pour ne rien perdre.

---

[11] Voir « Mes références ».

Cela dit, tout ce qui compte c'est bien de vivre tous ensemble en tenant compte de l'autre, sans chercher à l'écraser avec nos préjugés et notre façon de voir le monde, qui est naturellement faussée par nos sens et notre conscience. Car les mots n'ont que la couleur de notre éducation, et non celle des livres.

Nous vivons à une époque où le nombre d'êtres humains sur cette planète n'est pas suffisant pour nous faire comprendre que si on continue comme ça, on crèvera tous, les riches, les pauvres, les fachos, les intégristes, les vaniteux...

Avec tout le savoir que l'on a accumulé depuis des siècles, il y a belle lurette – si on avait une once de conscience – que la faim dans le monde aurait disparu, que les pauvres seraient moins pauvres et les riches moins riches. Mais voilà, l'égoïsme bestial de quelques-uns et l'obsession de certains autres ont amené notre humanité à ramper sur notre planète, sans voir plus loin que le bénéfice à court terme, alors que tous les enfants de cette planète devraient savoir lire et écrire, et, rêvons un peu, que l'on devrait pouvoir voyager dans le système solaire depuis des dizaines d'années.

Conclusion

Dans cet univers, nous ne sommes rien, et pourtant sur cette si petite planète, nous arrivons à nous pourrir la vie et à nous détruire. Tout ça parce que l'on refuse de voir plus loin que ce que nous permet notre corps.

Nos élites (démocrates, théocrates, ploutocrates, despotes…) qui ont conscience de ce fait n'en tiennent absolument pas compte, préférant satisfaire leurs « petits » besoins « animal » de pouvoir et de marquer leur territoire…

Quelques sentences nulles, mais bon…

- Le crépuscule des vieux est l'aurore des jeunes.

- Pour un enfant qui naît, une espèce disparait.

- La conscience, ce parasite du corps humain qui nous conduira à la ruine.

- Trop bien penser finit par puer.

- L'argent cette phéromone qui à haute dose détruit l'altruisme.

Hormis mon vécu somme toute très personnel, il y a toutes les émissions qui, tant qu'elles en ont encore le droit, rapportent les travers de tous les grands groupes, grandes fortunes et gens du quotidiens. Et évidement GOOGLE, multinationale qui vaut ce qu'elle vaut mais qui a un très bon moteur de recherche qui m'a aidé pour retrouver quelques définitions ; et pour les allergiques à l'intrusion dans la vie numérique, il y a QWANT.

[1] La définition du chômage

http://ses.ens-lyon.fr/articles/chomage-breve-histoire-dun-concept

[2] La guerre

https://www.scienceshumaines.com/aux-origines-de-la-guerre_fr_1350.html

[3] Les violences

Site officiel :

https://www.interieur.gouv.fr/Interstats/Actualites/Insecurite-et-delinquance-en-2018-premier-bilan-statistique

Site non officiel :

https://www.planetoscope.com/demographie-urbanisme/Criminalite

[4] Le coût de l'éducation

http://impotsurlerevenu.org/la-fiscalite-francaise/726-quels-impots-paie-t-on-en-france-et-pour-quelle-utilisation-.php

[5] *Cash investigations, Envoyé spécial, Zone Interdite*… qui parlent des pratiques peu recommandables de ces grands groupes internationaux, voire nationaux.

[6] La retraite

> https://www.inegalites.fr/Les-inegalites-d-esperance-de-vie-entre-les-categories-sociales-se-maintiennent?id_theme=19

[7] Le pourcentage d'asexués

> Pour ce site, je vous invite à cherche l'erreur :
> https://www.insee.fr/fr/statistiques/1892086?sommaire=1912926
>
> Si vous n'avez pas trouvé : on ne parle que de sexe hommes/femmes.
>
> Un autre site, pas des plus officiels, mais il aborde le sujet :
>
> https://infogram.com/reponses-au-questionnaire-sur-la-sante-des-personnes-intersexes-etou-presentant-des-variations-du-developpement-sexuel-1hxj4803pdvq6vg?fbclid=IwAR0us7Ed-lBrV3J-Gaj-DoBsg7zuQvune4Ok92lceK8C2BzyaiEJjQSBq9g

Crise pandémique

[8]

> https://www.franceculture.fr/histoire/grippe-de-1918-pourquoi-une-telle-hecatombe
> https://fr.wikipedia.org/wiki/Pandémie_de_grippe
> https://fr.wikipedia.org/wiki/Population_mondiale
> https://fr.wikipedia.org/wiki/Pandémie
> https://gisanddata.maps.arcgis.com/apps/opsdashboard/index.html#/bda7594740fd40299423467b48e9ecf6
> https://www.imperial.ac.uk/media/imperial-college/medicine/sph/ide/gida-fellowships/Imperial-College-COVID19-NPI-modelling-16-03-2020.pdf
> https://www.cairn.info/revue-annales-de-demographie-historique-2002-1-page-121.htm#

https://www.sudouest.fr/2020/03/10/peste-cholera-grippe-espagnole-ces-10-grandes-pandemies-qui-ont-marque-l-histoire-7299226-10861.php

9

https://www.cascoronavirus.fr/

10

https://www.lemonde.fr/planete/article/2020/11/27/covid-19-comment-gilead-a-vendu-son-remdesivir-a-l-europe_6061300_3244.html

https://twitter.com/lemondefr/status/1332424317385269248

https://www.francetvinfo.fr/sante/maladie/coronavirus/vaccin/covid-19-le-regulateur-europeen-estime-qu-il-est-possible-d-administrer-six-doses-par-flacon-du-vaccin-pfizer-biontech_4249797.html

Indice de démocratie

11

https://major-prepa.com/geopolitique/dernieres-dictatures-dans-le-monde/

https://fr.wikipedia.org/wiki/Indice_de_d%C3%A9mocratie

https://fr.wikipedia.org/wiki/Liste_de_pays_par_forme_de_gouvernement

https://major-prepa.com/geopolitique/classement-pays-indice-de-democratie/

Je me considère comme étant citoyen du monde, de l'Europe et français.

J'ai eu le loisir d'exercer différents métiers : livreur d'électroménager, militaire, contrôleur qualité, ouvrier en 3 × 8 dans des usines de colle alimentaire, de pâte de fibre de verre, de fabrication de pneumatiques et à présent dans l'informatique.

Cela m'a permis de voir les mêmes schémas récurrents et épuisants du comportement humain se répéter à l'infini...

Ce qui me permet de dire que nos élites ne valent pas mieux que nous, car elles sont complètement soumises aux mêmes règles.